Andere boeken van Ann Lootens bij Clavis

de klas van noor

LEES N!VEAU

		ME	ME	ME	ME	ME			
AVI	S	3	4	5	6	7	P		
CLIB	S	3	4	5	6	7	8	P	

schooltje spelen

Toegekend door Cito i.s.m. KPC Groep

Ann Lootens
de klas van noor
© 2008 Clavis Uitgeverij, Hasselt – Amsterdam
Illustraties: Leen van Durme
Omslagontwerp: Studio Clavis
Trefw.: eerste lezers, schooltje spelen
NUR 287
ISBN 978 90 448 0870 4
D/2008/4124/039

www.clavisbooks.com

avi 2

Ann Lootens

de klas van noor

met illustraties van
Leen van Durme

Clavis

goed zo, noor! zegt juf.

wat lees je goed!

noor lacht.

ik weet het, zegt ze.

en ze denkt:

wat is juf lief.

wat is juf leuk.

ik ben dol op haar.

kijk eens naar haar bril.

en naar haar haar.

als ik groot ben,

word ik ook juf.

doe je mee? zegt juf.

van loe-la-lie-lee?

en ja hoor.

de klas zingt mee.

ook noor.

zij mag op de trom.

dat is fijn voor haar.

en dan is het van

moe-ma-mie-mee.

en van zoe-za-zie-zee.

het houdt maar niet op.

wat leuk!

dan leest juf voor.

een boek van hoog en laag.

noor zit bij juf.

ze geeft haar een arm.

mm, wat ruikt ze goed.

net een bloem.

noor zucht.

wat is mijn juf lief.

wat is mijn juf leuk.

weet je wat?

als ik thuis ben,

speel ik ook juf.

nu is noor thuis.

daar is juf noor.

ze heeft een bril op.

haar haar zit in een dot.

en wat ruikt ze goed.

net een bloem.

zo, zegt juf noor.

ik zie er lief uit.

ik zie er leuk uit.

nu ben ik een juf.

ik ga maar eens
naar mijn klas.

wie zit er in de klas?

beer zit al klaar.

kip mag er ook bij.

tok! tok! tok! doet ze.

en ze loopt heen en weer.

stil! zegt juf noor.

je stoort, hoor!

maar kip doet haar zin.

en kijk, daar is lot.

ze zit in de hoek

en ze wil er niet uit.

waar is pim?

pim doet **hup** ...

met een bal ...

en nog een bal.

pim! roept juf noor.

hou nu maar op.

kom, het is tijd.

tijd voor de les.

wat? les? roept pim.

ik wil geen les.

doe niet zo dwars, zegt juf.

zing maar mee.

ik ken een leuk lied!

juf noor slaat de maat.

poe-pa-pie-pee, zingt ze.

zelfs kip doet mee.

tok ... tok ... tok ...

lot slaat met een blok.

poe-poe! roept ze.

juf noor zingt nog meer.

pa-pie-poe-pa ...

pim giert het uit.

wat een lied! lacht hij.

stout kind, zegt juf noor.

ga maar in de hoek!

lot zit er al in, hikt pim.

en wat heb jij op je hoofd?

het lijkt wel een nest!

hoe durf je! zegt juf noor.

tok ... tok ... tok! doet kip.

en ze loopt heen en weer.

en heen en weer.

en dan ... **plof!**

een ei!

er ligt een ei op de vloer!

ha ha! lacht pim.

dat ei kan in je nest!

hm, doet juf noor.

wat een klas!

en ze ploft neer.

op een stoel.

pim is dwars.

hij houdt me voor de gek.

lot wil niet uit de hoek.

en stel je voor ...

er legt een kind

een ei in mijn klas.

ik geef er de brui aan.

nee, zegt een stem.

juf noor kijkt op.

daar zit beer.

op zijn stoel.

hij kijkt haar lief aan.

wat is er? zegt juf noor.

zeg het maar.

ze pakt beer op

en houdt hem bij haar oor.

oo, wat lief! zegt juf noor.

en ze kijkt heel blij.

wat? roept pim.

hij komt bij haar staan.

stel je voor, zegt juf noor.

beer vindt me lief.

beer vindt me leuk.

hij is dol op me.

als hij groot is,

wordt hij ook juf.

dat kan niet! roept pim.

toch wel, zegt juf noor.

is het niet, beer?

en kijk ... beer knikt.

zie je wel, zegt juf noor.

en dat is dan dat.